AF562193

GUERRE 1870-1871



# OCCUPATION DE GRANDVILLIERS

PAR LES

# TROUPES FRANÇAISES

ET PAR LES

# TROUPES ALLEMANDES

GUERRE 1870-1871

# OCCUPATION DE GRANDVILLIERS

PAR LES

## TROUPES FRANÇAISES

ET PAR LES

## TROUPES ALLEMANDES

## ÉMIGRATION

Dans la première quinzaine de Septembre, commence l'émigration qui a été, pour certains pays, plus ruineuse que l'occupation allemande elle-même.

Des habitants de Laon, Soissons, Compiègne, Nanteuil, Roye, Beaumont et autres contrées, fuyant à l'approche de l'ennemi, viennent habiter Grandvilliers pour quelque temps. On voit passer, à toute heure du jour, des bœufs, des troupeaux de moutons, des voitures remplies de blé, fourrage, avoine et meubles appartenant à des cultivateurs qui se sauvent avec leurs familles.

C'est navrant de voir leurs femmes et leurs enfants, dans des voitures à l'injure du temps, pleurer et sangloter. Ces pauvres gens sèment l'effroi partout où ils passent en répétant ce qu'on leur a dit : que les Prussiens pillaient, incendiaient, tuaient les enfants, emmenaient les jeunes gens et violaient les femmes.

Plusieurs personnes de la ville, surtout des dames, effrayées par tous ces bruits sinistres, émigrent vers les bords de la mer et ne reviennent à Grandvilliers que pour assister aux plus forts passages de l'armée allemande, laquelle menaçait alors d'envahir le Nord et l'Ouest de la France.

---

## OCCUPATION

Trois compagnies des mobiles de la Marne, venant de Clermont, séjournent à Grandvilliers, du 6 au 14 Octobre.

Le 18.— Trente dragons bavarois entrent dans la ville par toutes les rues.

L'officier fait demander le Maire, et, après lui avoir fait plusieurs questions, lui dit : « Il est très-heureux, Monsieur le Maire, pour votre ville, qu'il n'y ait point de mobiles, » puis le salue et retourne à Beauvais.

Le 26. — Le Commandant prussien, à Beauvais, envoie au Maire des lettres de réquisitions pour les communes du Canton, ainsi que pour les cantons de Formerie et de Poix, avec l'ordre formel de les faire parvenir à leur adresse et d'en demander un récépissé à chaque Maire.

Le 27, 9 heures du matin. — Arrivée de sept cents Prussiens de Beauvais, avec artillerie. Un détachement d'infanterie s'empare du corps-de-garde. Le Colonel mande le Maire et lui donne ordre de faire porter sur la Grande-Place, pour dix heures,

2,500 kilogrammes d'avoine et de faire annoncer que les habitants devaient, sous peine de mort, déposer toutes leurs armes, dans le délai d'une heure, à l'Hôtel-de-Ville. On obtient cependant de conserver 50 fusils aux sapeurs-pompiers, sur la demande de leur Capitaine. Le Colonel avait dit au Maire : « Vous répondez sur votre tête de chacun de mes soldats. »

11 heures. — Un Intendant monte à l'Hôtel-de-Ville où se trouve réuni le Conseil Municipal, et écrit les conditions suivantes : « La ville de Grandvilliers aura à fournir chaque semaine, à Beauvais :

« 60 sacs d'avoine de 71 kilog. ;

« 60 sacs de farine de 102 kilog. ;

« 28 bœufs ou vaches ou 280 moutons.

« L'avoine sera payée 25 fr. les 102 kilo-
« grammes, sacs compris.

« La farine de froment sera payée 48 fr.
« les 102 kilogrammes, sacs compris.

« La farine de seigle sera payée 40 fr.
« les 102 kilogrammes, sacs compris.

« Les bœufs et vaches, de 0 fr. 60 à 1 fr.
« le kilog., vivants.

« Les moutons, de 0 fr. 70 à 0 fr. 80 le
« kilog., vivants.

« Comme cautionnement de l'exécution
« du traité, la Ville versera dans la caisse
« de l'Intendant la somme de dix mille
« francs, qui lui sera remboursée quand le
« traité sera annulé par la paix. Si la

« Ville ne se conforme pas aux conditions
« du traité, le cautionnement sera perdu et
« les réquisitions seront faites par force
« militaire et non payées. »

Après une vive discussion et bien des colères de la part de l'Intendant, on tombe d'accord de ne pas donner de cautionnement, et de fournir chaque semaine 40 sacs d'avoine de 71 kilog. et 50 moutons.

L'ennemi prend chez M. Lebrun-Frénel, armurier, mille cartouches pour fusils de chasse en laissant un bon payable par la ville de Grandvilliers.

Midi. — Le bruit circule que des mobiles et des francs-tireurs arrivent par la route d'Abbeville. Les 700 Prussiens pris de panique se rassemblent sur la Grande

Place et cinq minutes après reprennent la route de Beauvais.

La première fourniture des réquisitions dont il est ci-dessus parlé, devait se faire le 5 Novembre. Mais, malgré les nombreuses et menaçantes lettres de rappel de l'Intendance prussienne, la commune n'a fourni qu'une seule réquisition, le premier Décembre, laquelle lui a été payée, et à cette époque, il y avait force majeure, puisque le pays était entouré par l'armée Allemande.

28 Octobre, 8 heures du matin. — Le 1er Bataillon de mobiles du Nord, fort de 1,300 hommes, commandé par M. de Lalène-Laprade, chef de Bataillon, une demi-batterie d'artillerie et 3 compagnies

des mobiles du Gard, entrent à Grandvilliers, par une pluie torrentielle.

Ces troupes viennent d'Amiens. Les hommes se logent dans les maisons de la rue de Calais et de la Place où les habitants s'empressent de leur donner à déjeûner.

10 heures. — On entend le canon vers Formerie, que l'on croit attaqué par les Prussiens. Des éclaireurs envoyés le matin en apportent la nouvelle certaine.

Aussitôt, mobiles et artilleurs sont sous les armes et partent au pas gymnastique dans cette direction, en chantant la *Marseillaise*. Le soir, ils rentrent, harassés de fatigue, coucher à Grandvilliers. Un clairon du bataillon a été tué dans le combat et quelques mobiles blessés.

Le 29. — Dans l'après-midi, les 3 compagnies de mobiles du Gard reçoivent l'ordre de se rendre à Fouilloy, où on les conduit dans les omnibus de l'*Union des Postes*.

Le 1er bataillon des mobiles du Nord tient garnison à Grandvilliers jusqu'au 21 Novembre.

9 Novembre. — Les 3 compagnies de francs-tireurs des mobiles font une reconnaissance vers St-Omer, se cachent dans le bois des Amourettes, tirent sur 15 uhlans sans en tuer, et ramènent à Grandvilliers 3 chevaux qui n'avaient pu franchir la rivière et que les Prussiens avaient abandonnés.

10 Novembre. — M. Halleur, maire,

donne sa démission à M. Jeannerod, préfet de l'Oise, en résidence à Amiens depuis l'occupation de Beauvais.

Le même jour, M. Bourdeaux, premier conseiller municipal et capitaine des sapeurs-pompiers, est nommé Maire de Grandvilliers, sans avoir été consulté. Il accepte sur les vives instances du Conseil municipal.

14 Novembre. — Le 1er bataillon de mobiles du Nord, de concert avec le bataillon de chasseurs à pied à Feuquières, pousse une pointe vers St-Omer. Grande anxiété toute la journée à Grandvilliers. On entend le canon dans la direction de Juvignies, on croit à un engagement avec les Prussiens, le bruit s'en répand jusqu'à Amiens, d'où le gé-

néral Paulze-d'Ivoy envoie une dépêche au Maire pour avoir des renseignements.

Il n'y a pas eu de rencontre ; ni mobiles, ni chasseurs n'ont vu l'ennemi.

5 heures du soir. — Enterrement du mobile Scottez, Vital-Joseph, mort de la petite vérole à l'ambulance de Grandvilliers.

6 heures 1/2. — Un officier polonais du bataillon de chasseurs envoie de Marseille une dépêche ainsi conçue : « Mobiles de Grandvilliers en désordre battent en retraite devant les Prussiens. » Un exprès est immédiatement envoyé à Feuquières au Commandant. Mais tout cela n'est que panique, les mobiles rentrent à 8 heures du soir à Grandvilliers, sans avoir été poursuivis par les Prussiens.

En repassant à Marseille, mobiles et chasseurs s'emparent de 25 sacs d'avoine, que le maire avait en magasin, en prévision des fréquentes réquisitions prussiennes.

Le 21 Novembre. — Départ des mobiles et de l'artillerie pour Amiens.

Pendant le séjour des mobiles, les épiciers, bouchers et boulangers éprouvent de nombreuses difficultés pour leurs approvisionnements.

A Rouen, à Abbeville et à Amiens, les autorités empêchent tout envoi de marchandises pour Grandvilliers, ou du moins n'autorisent les expéditions qu'en très-petite quantité, et sur certificats du Commandant de place et du Maire, attestant que le pays n'est pas occupé par les Allemands, et que ces approvisionnements ne sont exclusivement que pour la ville et sa garnison. Il en est de même de ce qui sort de Grandvilliers pour aller vers Crèvecœur et vers Beauvais. Rien ne peut sortir sans laisser-passer. Les mobiles font bonne garde aux entrées de la ville, surtout les jours de marché, et visitent voitures et paniers. A la halle aux blés, ils font décharger les voitures de marchands d'avoine et blatiers qui emportent plus de grain que n'indique leur laisser-passer.

Le 19, le Maire reçoit de M. Delassus, capitaine des Francs-tireurs picards, l'ordre de faire mettre en fourrière un cheval et une voiture saisis au sieur Forestier de Grez. N'entendant plus parler du capitaine Delassus et apprenant que cheval et voiture avaient été pris sans motifs, le Maire les rend le 26 décembre au sieur Forestier, sur certificat de deux personnes honorables de la commune, attestant qu'ils lui appartiennent.

28 Novembre, jour du franc-marché, huit heures du matin. — Cinq hussards français arrivent au galop à Grandvilliers et font retourner toutes les personnes qui y amènent des bestiaux, en les menaçant de les fusiller s'ils y restaient. Ils traitent les habitants de lâches, de fainéants, de vendus aux Prussiens. Ils disent que bestiaux, avoine, etc., devaient être vendus aux Prussiens. Leur maréchal-des-logis intime au Maire, d'une manière très-insolente

l'ordre d'empêcher le marché à la Halle.

Tout le monde est dans la consternation ; on n'est pas habitué à être traité ainsi par des soldats français.

Aussitôt après leur départ , le Maire télégraphie à M. de Thury, commandant de mobiles à Formerie, pour l'informer de la conduite des hussards et lui demander s'ils avaient des ordres d'agir ainsi. M. de Thury répond de suite au Maire que les hussards n'avaient aucun ordre, blâme leur conduite, le prie de faire le marché comme de coutume et l'engage à porter plainte. Mais il était trop tard, le marché a été nul. On n'a pas porté plainte, et cependant on a su depuis que le maréchal-des-logis avait subi 18 jours de prison.

Le 29, huit heures du matin. — Deux dragons prussiens demandent le Maire et le conduisent (fort poliment du reste), à l'officier qui attendait à l'entrée de la route de Clermont avec un détachement de 15 hommes. Cet officier fait plusieurs questions et demande s'il y a des soldats français dans la ville; sur la réponse négative du Maire, il entre avec ses dragons dans Grandvilliers dont il parcourt les rues au galop, puis il se dirige vers Crèvecœur.

Le 30. — M. de Thury, commandant les mobiles de l'Oise à Formerie, demande par dépêche des nouvelles sur la marche des Prussiens. On lui répond que l'on ne sait rien, mais qu'aussitôt que l'on aura des renseignements positifs, on l'en informera.

1er Décembre, 9 heures du matin. — Cinq hussards français traversent la ville ventre à terre, rencontrent dans la rue de Crèvecœur des cavaliers prussiens sur lesquels ils tirent sans en blesser et leur font une poursuite acharnée.

4 heures du soir. — Un de ces hussards rentre à Grandvilliers sans cheval et dans un état complet d'ivresse. Le Maire le fait conduire en voiture, malgré lui, à Formerie : il voulait rester pour tuer des Prussiens.

5 heures. — 40 hussards prussiens s'emparent du bureau télégraphique ; l'officier est furieux de ne trouver ni l'appareil ni l'employé, M. Warnier.

10 heures du soir. — Le Maire envoie, au Commandant à Formerie, un homme

sûr et porteur d'une lettre qui le prévient que l'armée allemande entoure Grandvilliers. Il ignorait tout cela, se reposant sur les cinq hussards envoyés par lui, le matin, en éclaireurs, lesquels ne sont rentrés à Formerie que fort tard et dans un bel état! M. de Thury n'a eu que le temps de faire lever les postes et de partir vers Forges. Les derniers mobiles sortaient à peine de Formerie que les premiers Prussiens y entraient.

2 décembre. — Vingt mille hommes environ de l'armée de Manteuffel, musique en tête, traversent Grandvilliers de 8 à 10 heures du matin, se dirigeant sur Rouen.

11 heures. — Arrivée à Grandvilliers, pour y faire séjour, du général Manteuffel,

commandant l'armée du Nord, et de von Gœben, commandant le 8e corps d'armée avec leurs états-majors, et suivis de quatre mille hommes, infanterie, artillerie, cavalerie, intendance, aumônerie, employés de la télégraphie, etc. Etablissement immédiat du télégraphe prussien, dans le local du télégraphe municipal.

Un omnibus de l'*Union des Postes* faisant le service de Beauvais, part de Grandvilliers à **11** heures 1/2 avec trois personnes : M. Doniol, ingénieur des ponts et chaussées, sa femme et M. Pennaverre, receveur de l'enregistrement.

A un kilomètre de la ville, un poste arrête l'omnibus et le fait retourner sous escorte à Grandvilliers, ainsi que les voyageurs et le conducteur qui restent enfermés, comme prisonniers, dans cette voiture et n'obtiennent leur liberté qu'après trois heures de stationnement devant la maison du général Manteuffel.

4 heures du soir. — Distribution, à la halle aux grains, de paille, fourrage et avoine. Des soldats veulent monter de force dans le grenier de la halle, où se trouvait emmagasinée une grande quantité d'avoine, de blé, de farine, appartenant à divers marchands. Le maire s'y oppose énergiquement. Alors un officier commande à ses gendarmes de l'arrêter et de le mettre en prison, s'il ne descend l'escalier du grenier.

Cette menace n'est point exécutée et le pillage de la halle n'a point lieu.

6 heures du soir. — Un colonel menace le maire de faire prendre tous les matelas de sa maison, si, dans 10 minutes, il n'a pas fait porter dans un poste 60 bottes de paille. Quelle exigence ! on ne savait où donner de la tête, il y avait tant de postes ! et on recevait, à la Mairie, réquisitions sur réquisitions de chevaux, de voitures, etc, pour le lendemain.

3 Décembre, 8 heures du matin. — Un officier de l'Intendance veut faire arrêter le Maire, parce que 6 chevaux de l'*Union des Postes*, de réquisition, ne sont pas arrivés sur la Grande Place à l'heure indiquée.

8 heures 1/2. — Un officier prend, sur réquisition, un omnibus à M. Ledoux,

maître d'hôtel, et demande encore au Maire une calèche pour l'état-major du général Manteuffel. Sur la réponse formelle qu'il est impossible d'en trouver une seule dans la ville, il n'insiste pas, mais il exige une paire de beaux harnais neufs qu'il vient réquisitionner, chez M. Lebrun, sellier carrossier. M. Lebrun, sur un signe du Maire, dit qu'il n'en a pas ; alors l'officier en colère dit : Il en faut, M. le Maire, il en faut à tout prix. Les harnais heureusement étaient bien cachés. Après avoir cherché de tous côtés et tout retourné, n'en trouvant pas, il se retire, n'emportant qu'une paire de guides.

La veille, un officier d'atelier avait réquisitionné, chez M. Vennier, fabricant, pour

135 francs de chaussures ; pour 99 francs de cuir, chez M. Crignon, et quelques colliers et faux-colliers chez M. Lebrun.

10 heures. — Départ de Manteuffel et de sa suite dans laquelle se trouvait le neveu de M. de Bismark.

11 heures. — Arrivée de 230 voitures et de 460 chevaux de convoyeurs, escortés d'une compagnie d'infanterie. Terreur générale ! On craint le pillage, en voyant des hommes de si mauvaise mine, toutes les portes se ferment. On en est quitte pour la peur. Tout se passe bien pendant le séjour de 48 heures qu'ils font à Grandvilliers.

10 heures du soir. — Le Maire est prévenu qu'un fil du télégraphe allemand est coupé, rue d'Aumale. Il en avertit immé-

diatement l'officier du télégraphe dans l'espoir d'en parer les suites fâcheuses.

4 Décembre, 8 heures du matin. — L'officier du télégraphe arrive chez le Maire avec deux habitants de Grandvilliers, mariés et pères de famille, lesquels sont soupçonnés d'avoir coupé le fil télégraphique. Ils sont conduits par des soldats, ayant au bout de leurs fusils une baïonnette en forme de scie; c'était sinistre! On monte à l'Hôtel-de-Ville, avec les prisonniers, où l'officier dit au Maire, que la ville paiera 40,000 francs, si l'on ne découvre pas les coupables, et que, faute de paiement, il ferait mettre le feu aux quatre coins de Grandvilliers.

En présence du Conseil municipal convoqué d'urgence, du Juge-de-Paix et du Doyen, les prévenus, après un long interrogatoire, finissent enfin par avouer leur faute.

Ils sont immédiatement dirigés sur Rouen, emportant avec eux une supplique signée des plus notables habitants, et adressée au général Manteuffel pour obtenir leur grâce.

Ils sont revenus quinze jours après et n'ont pas avoué avoir reçu la bastonnade. L'un deux a été sur le point d'être fusillé à Rouen ; il avait été pris pour un autre prisonnier condamné à mort; l'erreur, heureusement, a été reconnue avant l'exécution.

Mme Bloc-Dreyfus, de Grandvilliers, qui

parle parfaitement l'allemand, a bien voulu, sur la prière du Maire, servir d'interprète dans l'interrogatoire. En plaidant, auprès de l'officier du télégraphe, la cause de la commune et celle des inculpés, Mme Bloc a été sublime. Son intervention a été d'un grand poids dans la réussite de cette malheureuse affaire, qui faillit être si fatale ou à la ville ou aux deux coupables. Les habitants de Grandvilliers devront lui en conserver une éternelle reconnaissance.

Mme Bloc, qui était à la disposition de tous, a rendu, depuis, bien des services ; l'administration l'en remercie bien sincèrement.

Aussitôt après le départ des deux prisonniers, l'arrêté ci-dessous est publié et affiché :

Le Maire de Grandvilliers informe ses concitoyens que le Commandant de l'autorité prussienne vient de lui donner la communication suivante : « Toute personne qui dérangera ou coupera un fil ou poteau télégraphique sera punie de mort, et dans le cas où le coupable ne serait pas reconnu et signalé à l'instant même, il sera infligé à la ville une amende de 40,000 fr., payable instantanément. »

*Grandvilliers, le 4 Décembre* 1870.

*Le Maire,*

BOURDEAUX.

Nuit du 4 au 5. — Le Maire, afin d'éviter de nouveaux malheurs, fait monter la garde dans les rues où sont les fils télégraphiques, par un poste de gardes-nationaux auxquels le Commandant prussien permet le port du poignard. Il y a également des patrouilles prussiennes dont le mot d'ordre est donné aux patrouilles françaises et qui se croisent toute la nuit.

5 Décembre, 4 heures du soir. — Les allemands démontent leur télégraphe au grand soulagement des habitants.

Le 8. — Une princesse allemande couche à l'Hôtel d'Angleterre ; un billet de logement d'officier lui est délivré à la Mairie ainsi que pour sa suite.

Du 9 au 14. — Séjour de 26 voitures,

52 chevaux, 40 convoyeurs et soldats d'infanterie.

Le 15. — Grand passage de troupes, environ 15,000 hommes allant sur Amiens.

Le 17, 11 heures du matin. — 200 artilleurs avec canons, et un escadron de cuirassiers blancs, logent à Grandvilliers, ainsi que le général comte de Dona avec son état-major.

4 heures du soir. — Un officier, par ordre de son colonel, demande 3 vaches. Le Maire dit qu'il lui est impossible de les livrer, et donne l'assurance que les soldats auront tout ce qu'il faut chez les habitants. Le colonel alors retire sa demande.

Le 18. — Une division forte d'environ

4000 hommes, avec train des Pontonniers, commandée par un Général, fait séjour à Grandvilliers.

Le 19, 9 heures du matin. — Un régiment entier d'infanterie campe sur la Grande-Place ; les fusils sont formés en faisceaux. Ils attendent des ordres d'Amiens.

10 heures. — Des détachements, par ordre supérieur, font des perquisitions d'armes dans tous les quartiers de la ville. Effroi général !

Midi. — Départ du régiment.

Le 20. — 20 voitures remplies de Prussiens couchent à Grandvilliers.

Le 25. — 20 employés de télégraphe font halte et déjeûnent.

## 1871

Le 13 Janvier. — Le Préfet prussien fait l'arrêté suivant :

« MM. les Maires des chef-lieux de canton fonctionneront comme organes de transmission, de notification, d'information, de surveillance et de contrôle, dans les communes de leur canton, et ils seront investis de l'autorité nécessaire de commandement. Il leur sera prêté main-forte en cas d'opposition contre cette augmentation de leurs pouvoirs.

Du 20 Janvier, au commencement de Mars. — La poste française est supprimée.

Par ordre du Préfet prussien, le Maire fait prendre les lettres à la poste allemande à Beauvais, et les envoie aux maires des communes de son canton pour être distribuées. Il reçoit également, du canton, les lettres pour tous pays qu'il expédie par la poste allemande.

Le 28 Janvier. — Signature de l'armistice.

Le 5 Février. — Passage de trois escadrons allant vers Amiens.

Du 6, au 10. — Séjour du 7e lanciers.

Le 6, 2 heures du soir. — Un major se rend à l'Hôtel-de-Ville avec un intendant, et notifie au Maire que la ville devra payer, dans les trois jours, la somme de 45,000 fr.

pour la contribution de guerre de 25 francs par habitant, en lui disant que c'était une faveur parce que Grandvilliers, selon lui, devait être frappé d'une contribution de 50 francs.

Le soir, l'Intendant fait écrire de la Mairie, à tous les maires du canton, d'avoir à payer également, dans les trois jours, cette contribution de 25 francs.

Le 7, au matin, des lanciers portent ces ordres dans toutes les communes.

1 heure. — Réunion du conseil municipal, qui refuse de payer les 45,000 francs.

Le 8, l'Intendant demande au Maire si la ville est dans l'intention de verser la somme entière. — Nouveau refus. Il dit alors que l'on prendra dans les magasins jusqu'à concurrence de 45,000 francs ainsi que deux otages.

Dans l'avant-midi, des détachements vont dans toutes les communes du canton chercher la contribution, et ne ramènent que des otages.

4 heures du soir. — 44 otages sont enfermés dans la grande salle de l'Hôtel-de-Ville, où ils ont ordre de se faire apporter tout ce qu'ils voudront.

4 heures 1/2. — L'Intendant veut forcer le Maire à lui désigner les deux plus riches de la commune ; sur le refus formel de ce dernier, il entre dans la salle où se trouvaient réunis les conseillers municipaux, parmi lesquels il choisit deux otages qui sont prisonniers sur parole, à la condition de se

rendre le lendemain matin à la Mairie pour être dirigés, avec les autres, sur Amiens.

8 heures du soir. — Nouvelle réunion des conseillers municipaux et des plus notables habitants qui décident que la ville versera une somme de 5,000 francs, dans l'espoir que les deux otages seront relâchés. Cette somme est immédiatement prêtée par M. Tasse et le Maire, et versée dans la caisse du 7e Lanciers.

Réquisition de tous les omnibus de la ville pour conduire les 46 otages à Amiens.

Le 9, 6 heures du matin. — L'aide-de-camp du colonel de Pœstel vient communiquer au Maire l'ordre reçu, la nuit, de mettre en liberté les prisonniers en le priant de le faire exécuter.

Le Maire court leur dire qu'ils sont libres !

Du 13 au 16. — Perception des 5/12 des impôts réclamés par l'autorité allemande. Toutes les communes versent au chef-lieu de canton le montant de leurs impôts.

Du 15 au 20. — Séjour d'une compagnie d'infanterie envoyée à Grandvilliers pour percevoir la contribution de 25 francs dans les communes de Feuquières, Roy-Boissy, Brombos et Saint-Thibault. Le capitaine demande au Maire l'argent versé entre ses mains, deux jours avant, par la commune de Feuquières. Celui-ci refuse en lui disant que ces fonds étaient versés pour les impôts et non pour la contribution de guerre, et en lui faisant observer qu'il y avait probablement un mal-entendu entre l'autorité militaire et l'autorité administrative, car le colonel des Lanciers avait dit en partant avoir reçu des ordres pour ne plus percevoir cette contribution de 25 francs par habitant. Il n'insiste pas et, le lendemain 16, fait avec le Maire le voyage de Beauvais, pour se renseigner auprès du Préfet le baron de Schwartz-Koppen.

Le Maire, ce même jour, verse à la préfecture la somme de 57,482 fr. provenant de la recette des impôts du canton.

Le total des impôts se montait à 72,000 f.; il manquait donc environ 14,000 francs. Cette somme de 14,000 fr. est représentée en quittances des sommes payées par plusieurs communes pour la contribution de guerre, et par la différence des thalers comptés à 3 fr. 75 et qui ne devaient être reçus qu'au taux de 3 fr. 60. Le Préfet ne veut accepter ces quittances, qu'à la condition que le colonel du 7e Lanciers attestera que la somme de 12,700 fr., qu'il avait reçue de plusieurs communes, était versée comme contribution de guerre, et non comme amende. Il donne au Maire un laisser-passer pour aller trouver le colonel de Pœstel qui se trouvait en ce moment dans un château des environs de Breteuil, et lui signe, sur sa demande, un permis de porter un revolver.

Le colonel approuve volontiers toutes ces quittances, comme l'entendait le Préfet.

Le Maire retourne à Beauvais, mais le

Préfet ne veut plus accepter ces quittances, sous prétexte qu'il était en désaccord avec le Conseil Général, et donne cinq jours pour payer le déficit des impôts.

Le Maire n'a pas revu le Préfet prussien, qui est parti de Beauvais quelque temps après avec 14,000 fr. de moins dans sa caisse.

Dans tous les passages, ce n'était que réquisitions de voitures, de chevaux et de conducteurs, que les Prussiens ont toujours, heureusement, renvoyés à chaque étape, sur la promesse qu'ils en faisaient au Maire.

Le 5 Mars. — Séjour du bataillon de mobiles d'Abbeville.

Le 16. — Deux compagnies du 1er bataillon de chasseurs prussiens, fort de 400 hommes et de 26 chevaux, tiennent garnison à Grandvilliers pendant deux mois, du 16 Mars au 16 Mai.

Ils établissent un gymnase et deux tirs à la cible.

Le Maire, sur la communication de von Koummer, Commandant de place, prend un arrêté défendant de passer sur le terrain des tirs et même d'en approcher, afin d'éviter les accidents. Cet arrêté est envoyé aux Maires des communes voisines.

Tous les jours, excepté les Dimanches, exercices, manœuvres, tir à la cible, gymnastique et instructions à l'Hôtel-de-Ville.

17 Mars. — Passage d'un régiment d'Infanterie allant d'Amiens à Rouen.

19 et 20. — Séjour du 18e régiment de dragons mecklembourgeois et de l'Etat-Major de la 17e brigade de cavalerie royale du Général de division de Rauch et du neveu de M. de Moltke.

21. — Grand passage d'artillerie, de pontonniers, etc., arrivant à Grandvilliers par deux routes et se dirigeant sur Amiens.

28. — L'Intendant français à Rouen annonce au Maire que les 4e et 4e *bis* bataillons des mobiles de la Somme logeront à Grandvilliers le 4 Avril.

Le Maire lui répond, sur la prière de von Trébra, Commandant de place, que la ville est occupée par des chasseurs prussiens et qu'il veuille bien, si c'est possible, leur faire prendre une autre direction, afin d'éviter tout conflit. Ces bataillons ne passent pas par Grandvilliers.

Le 16 Avril, dimanche de Quasimodo, à 1 heure. — Service religieux protestant dans l'Église paroissiale ; sermon par un ministre protestant.

Le 16 Mai. — Départ du 1er bataillon de chasseurs prussiens, pour Compiègne.

Le 4 Juin. — Séjour de 3 compagnies du 44e régiment d'infanterie prussienne avec l'État-Major.

Le 9. — Le 1er régiment d'artillerie loge à Grandvilliers.

Dernier passage ! ! !

Pendant tout le temps de l'occupatic allemande il y a eu, à Grandvilliers, u poste de sept cavaliers faisant le servic de la correspondance, et un passage cor tinuel de soldats prussiens allant et venar d'Amiens à Rouen.

Dans toutes les distributions de fourrage paille et avoine faites aux troupes alle mandes, l'ordre le plus parfait a toujour régné, grâce à MM. Tasse, Daire, Binoit Boudard et Galippe Achille, qui ont puis samment aidé l'administration dans ce fâcheuses circonstances. Par l'ordre, l'exac titude et la grande économie qu'ils on apportés dans ces distributions, ils on contribué à alléger de beaucoup les dépenses de la ville, et par leur énergie ils ont empêché plusieurs fois le pillage de la halle aux grains.

L'administration et le pays leur en témoignent toute leur gratitude.



B.

AMIENS. — IMP. T. JEUNET.

www.ingramcontent.com/pod-product-compliance
Lightning Source LLC
LaVergne TN
LVHW020242230826
846091LV00006B/2221
*9782011264169*